Opere dello stesso autore:

- *'Asfâr wa sirâb – Viaggi e miraggi* (bilingue arabo-italiano), ed. I Fiori di Campo, 2003

- *'Inni qarartu 'Akhîran an 'arhala b'aîdan m'a-l-laqâliq – Ho deciso finalmente... andrò via con le cicogne...*, (bilingue arabo-italiano), Collezione Maestrale, 2005

- *Poésies depuis la ville de Menton - Poésias desde la ciudad de Menton*, (bilingue spagnolo-francese) ed. Edilivre, 2008 ; ed. BOD, 2016

- *Silvia o la ilusión del amor*, (spagnolo) ed. Lampi di Stampa, 2010

- *Tierra del Fuego*, (spagnolo) ed. Lampi di Stampa, 2014

- *Il caimano*, (italiano) ed. BoD, 2014

- *Muhît al-kalimât – Oceano di parole*, (bilingue arabo-italiano) ed. BoD, 201

- *Guardando altrove*, (italiano) ed. BoD, 2016

- *Poesia della Nuova Era Vol. I*, (italiano) ed. BoD, 2016

- *Rotta per l'India* ed. BoD, (italiano) 2016

- *El marcalibros*, (spagnolo) ed. BoD, 2017

- *Rosso di Marte*, (italiano) ed. BoD, 2017

- *Lemhat al-hida'at - Il profilo del nibbio*, (bilingue arabo-italiano) ed. BoD, 2018

- *Il ritorno dello sciamano*, (italiano) ed.BoD, 2018

- *Intuizioni e memorie*, (italiano) ed.BoD, 2019

- *Il banchetto*, (italiano) ed. Bod, 2019

Angelo Rizzi

Sul filo del Tempo

Immagine di copertina e quarta di copertina: *Discobolo di Mirone*, copia marmorea, Musei Vaticani, Roma

© 2019, Angelo Rizzi

Éditeur : BoD-Books on Demand
12/14 rond point des Champs Élysées, 75008 Paris, France
Impression : Books on Demand, Norderstedt, Allemagne
ISBN : 9782322184682
Dépôt légal : novembre 2019

Biografia

Angelo Rizzi è nato a Sant'Angelo Lodigiano. Dopo aver ottenuto un diploma in Lingua e Cultura Araba all'IS.M.E.O. di Milano, Si è laureato in Lingua, Cultura e Letteratura Araba all'Università Montaigne di Bordeaux in Francia e ha otteuto una seconda laurea in Lingua, Cultura e Letteratura Italiana all'Università Sophia Antipolis di Nizza, sempre in Francia. Italiano madrelingua, ha composto i suoi poemi in arabo, spagnolo, francese e italiano. Grazie a questa sua particolarità, è stato invitato ed ha partecipato ad un congresso all'UNESCO nel 2006, a Parigi, sul tema *"Dialogo tra le Nazioni"*.
Ha ottenuto diversi riconoscimenti letterari ed ha partecipato a numerosi incontri poetici di rinomanza internazionale a Roma, L'Avana, Parigi, Curtea de Argeş, Djerba.
Sue poesie sono apparse in antologie e riviste in Italia, Stati Uniti, Svizzera, Cuba, Argentina, Kuwait, Spagna, Brasile, Romania, Hong Kong, India e Bolivia.
Nel 2015 la *"Academia de Létras ALPAS 21"* lo ha nominato Accademico Corrispondente Internazionale.

Riconoscimenti letterari.

Tra i più importanti: **Vincitore Assoluto** del XX° **Premio Mondiale Nosside**, 2004. Menzione d'Onore per la raccolta *'Asfâr wa Sirâb - Viaggi e Miraggi,* al premio Sogno di un Caffé di Mezza Estate, 2004 e Medaglia d'Argento per la stessa opera al Premio Internazionale Maestrale, 2004. Menzione di Merito al Premio Internazionale Poseidonia Paestum, 2005. I° **Premio** al Premio Internazionale Tra le Parole e l'Infinito, 2008, dopo avere vinto per tre volte il II° **premio** nello stesso concorso nel 2005, 2006, 2007. III° **Premio** al Premio Internazionale Bodini 2009.

Menzione Internazionale al Premio Alpas XXI, Brasile, 2009. **I° Premio** al Premio Internazionale Città di Sassari per la poesia inedita, Italia 2010. Premio della Critica al Premio Internazionale Tra le Parole e l'Infinito, 2010. **II° Premio** per la raccolta *Silvia o la ilusión del amor*, della Giuria Scuole al Premio Internazionale Città di Sassari, 2011. Menzione speciale della Giuria per la Critica per la raccolta *Poésies depuis la ville de Menton-Poesías desde la ciudad de Menton* al Premio Internazionale Città di Sassari, 2012 e Premio Speciale per la Critica della Giuria delle Scuole per la stessa opera. Menzione di Merito al Concorso Internazionale "Vitruvio", 2012. Ha ottenuto il **Premio per la Migliore Opera in lingua straniera** per la raccolta *Poésies depuis la ville de Menton-Poesías desde la ciudad de Menton*, al Premio Internazionale Locanda del Doge, 2013. **II° Premio** al Premio Internazionale Carmelina Ghiotto Zini, 2013. Menzione Speciale al Premio Letterario Città di Livorno, 2014. **I° Premio** al Concorso Internazionale di Poesia Città di Voghera, 2014. **III° Classificato** per la silloge inedita *Il caimano* al Premio Internazionale Città di Sassari 2014 e Menzione Speciale per la stessa opera edita e ampliata al Premio Internazionale Casentino, 2015. **II° Premio** al Premio Letterario "Il litorale", per l'opera *Muhît al-kalimât – Oceano di parole*, 2016. Menzione d'Onore sempre per la raccolta *Muhît al-kalimât – Oceano di parole*, al Premio Casentino, 2016. Premio per la Critica, per la narrativa (racconto breve), al Premio Internazionale Tra le Parole e l'Infinito, 2016 e 2018. Premio per la Critica per la raccolta *Rosso di marte*, al Premio Europeo Massa città fiabesca d'arte e di marmo 2017. **I° Premio** al Premio Internazionale Città di Voghera, 2019
È stato Finalista in vari premi internazionali in Italia, Spagna, Svizzera, Argentina, Venezuela e Stati Uniti.

Membro di *REMES* (Red Mundial de Escritores en Español); *World Poet Society*; *Poetas del Mundo* e *SELAE* (Sociedad de Escritores Latino-Americanos y Europeos).
Nel 2015, a Cruz Alta (R/S) in Brasile, è stato nominato Accademico Corrispondente Internazionale dalla *Academia Internacional de Artes, Letras e Ciénsas* ALPAS XXI.

Partecipazioni Letterarie
- Reading Poetico all'Istituto Italo - Latinoamericano, Roma, 2004.
- Fiera del Libro, L'Avana. Ospite d'Onore alla premiazione del Premio Nosside Caribe, Cuba. 2005.
- Festival della Poesia, L'Avana, Cuba 2005.
- Reading Poetico alla Fiera del Libro, L'Avana, Cuba, 2006.
- Congresso all'UNESCO sul tema "Dialogo tra le Nazioni", Parigi, 2006.
- Reading Poetico a "Institut du Monde Arabe", Parigi, 2006.
- Salone del Libro di Montecarlo, Monaco, 2014.
- Fête du Livre di Breil sur Roya, Francia, 2014.
- Festival du Livre di Mouans-Sartoux, Francia, 2014.
- Salone del Libro di Montecarlo, Monaco, 2015/2016/2018.
- Festival Internazionale della Poesia, Curtea de Argeş, Romania, 2016.

- Reading Poetico Internazionale in chiusura al I°
Symposium Science et Conscience, Djerba, Tunisia, 2017

- Reading Poetico Internazionale in chiusura al II°
Symposium Science et Conscience, Djerba, Tunisia, 2018

Prefazione

Sul filo del tempo è il quinto volume della saga sul tema della "reincarnazione" dopo *Rotta per l'India, Il ritorno dello sciamano, Intuizioni e memorie, Il banchetto*. Bagliori di vite anteriori che si susseguono. Alcune vite precedenti già enunciate sono alimentate da nuovi ricordi, ricordi che riaffiorano all'improvviso e che forse illustrano le vite più interessanti, che più hanno marcato l'autore in prima persona, oltre a nuove vite anteriori che si manifestano per la prima volta, affermandosi con forza. La Reincarnazione è una tematica controversa, che al di là dei *clichés* che la rappresentano da anni, attira la curiosità di un numero sempre maggiore di persone. Viaggiare "sul filo del tempo", non è una distanza fisica da percorrere, ma una frontiera interiore da superare. Il nostro subcosciente detiene tutte le memorie accumulate nelle nostre vite passate, così come detiene anche il nostro futuro, con la differenza che il futuro può essere variabile, nel senso che abbiamo diversi possibili futuri, secondo il livello di evoluzione raggiunto dalla propria anima, dal proprio spirito. Vale a dire, che coloro che hanno maggiori capacità nell'interpretazione del proprio cammino sulla Terra, denudandolo da soddisfazioni o delusioni puramente legate al proprio "ego", hanno in conseguenza maggiori possibilità di variare il proprio *karma*. In ogni nuovo volume, aumentano le riflessioni sull'argomento, su questa tematica che al di là di clichés, stereotipi e luoghi comuni, rivela una complessità inaspettata.

Non vivo nel passato, vivo in un presente espanso,
sublimato a volte dal ricordo del futuro.

Angelo Rizzi

Sul filo del Tempo

Darjeeling

Prima di fare il maestro
a Tataouine
anni prima
un po' più giovane
quando la figlia *
della quale avevo parlato
in precedenza
non era ancora nata
non ancora concepita
mi recai in compagnia
della mia consorte
verso il nord dell'India
per un viaggio di piacere.
Ero affascinato dalle ferrovie
soprattutto dalle locomotive

* *Intuizioni e memorie*, di Angelo Rizzi, Ed. BoD 2019

con trazione a vapore.
Avevo inteso parlare del *Toy Train*
quest'idea pazza che aveva avuto
un funzionario inglese
di realizzare un trenino
che saliva verso l'Himalaya.
Volevo vedere con i miei occhi
questo fiabesco treno
più piccolo degli altri
con dei binari larghi
solo sessantun centimetri.
Del viaggio sul treno giocattolo
non mi rimane per ora
alcun ricordo
tranne che

arrivati a destinazione
siamo tornati con altri mezzi
verso la prima stazione
quella di partenza, dove
l'ideatore del treno ci ha accolto
per conoscere le nostre impressioni.
Ci ha offerto del té, quello pregiato
coltivato in quello stesso distretto
dal quale prende il nome.
Osservavo nella tazzina
questa bevanda dal corpo leggero
e dal colore pallido
a quanto pare il migliore
è quello raccolto in primavera.
Portato alle labbra, diedi due sorsi

e attesi...
il suo gusto composto
da aromi floreali
gradualmente si pronunciò
al mio palato
seguito da un retrogusto
velato d'una certa amarezza
caratteristico dei tannini
che si liberano durante l'infusione
oltre a una nota fruttata e profumata
identificata dai conoscitori
come l'uva moscato.

Nessuno sa

Nessuno sa
dove è morto e come
João de Coimbra
però
ve lo posso raccontare io.
Ero João
in una delle incarnazioni
che più mi ha affascinato
più mi ha inebriato.
Vi dirò inoltre
con precisione, per correggere
nozioni storiche insicure
poiché di me a quell'epoca
si tira a indovinare.
Sono nato nel 1465

a Coimbra
dopo aver partecipato
alla magnifica e temeraria impresa
con Vasco da Gama
al mio ritorno
mi era stata attribuita
una rendita annua
di trentamila *reals*.
La ricevetti solo una volta
perchè ebbro di avventura
ho seguito gli spagnoli
non sono più tornato a casa
e della casa non ho alcun ricordo.
Avevo partecipato
ad una impresa unica

universale

e solo questo mi ripaga

degli sforzi, delle malattie

degli imprevisti.

.

Vincitori e vinti

L'atleta era sostenuto
dall'orgoglio di primeggiare
lo spingeva il gusto della gara
della sfida.
Ero un discobolo
gareggiavo per Tebe
ai giochi panellenici
vincevo spesso
nelle competizioni eravamo
completamente nudi.
Mi trattavano come un eroe
mentre chi perdeva
rischiava al suo ritorno a casa
di essere disprezzato
escluso, emarginato.

Durante i giochi
erano previsti intermezzi
di musica e poesia
che assumevano sempre più
una rilevanza fondamentale.
I premi erano di poco valore
ma vincere favoriva
la mia ascesa economica, sociale.
Non penso di aver vissuto
oltre i quarantacinque anni
una bella vita, direi
senza grandi preoccupazioni.
Nelle incarnazioni
le vite difficili
hanno la funzione

di far evolvere l'anima
offrono la possibilità
di un maggiore
progresso spirituale
le vite facili
sono da considerare
più che altro
come un tempo di riposo.

Anglia

La grande armata è pronta
salpiamo all'alba
siamo noi stessi, impressionati
dal numero delle nostre navi
sono dappertutto
coprono l'orizzonte
e i limiti dei mari.
Danesi, norvegesi, svedesi
uniti verso l'infinito
non pensiamo a ieri
non ci preoccupa l'oggi
non pensiamo al domani
viviamo un'emozione unica
che sfiora l'esaltazione
sappiamo di essere temuti

noi, non temiamo nessuno.
Abbiamo corvi in gabbia
uno per ogni imbarcazione
li liberiamo solamente
nel caso in cui ci smarriamo
loro sanno, volano subito
in direzione della terra.
Dormiamo in sacchi di pelle
che di giorno contengono
gli effetti personali
spade, ascie, boccali
a bordo abbiamo scorte
di birra e di latte
carne e pesce sotto sale
ci cibiamo anche

di mammiferi di mare
il tricheco, è per noi
una prelibatezza.
Alternandoci al remo
non si ozia
le attività non mancano
i guerrieri più anziani
raccontano storie, leggende
e cantano
io, cerco un avversario
pratico un gioco da tavolo
molto antico
simile agli scacchi
i pezzi bianchi
si fronteggiano ai neri.

I bianchi, al centro
sono muniti di un re
che devono far fuggire
verso uno degli angoli
i neri, posti ai quattro lati
il re non lo hanno
devono catturare
quello nemico.
Leggo negli sguardi degli altri
calma, fierezza, energia vitale
una vibrazione insolita, indicibile
e mentre mi distraggo
il mio avversario vince
a questo gioco dal nome strano
un nome che non riesco a ripetere.

Ripetizione con qualche variazione

Sono stato atleta
per la città di Rodi
più di duemila anni fa
il Colosso era ancora in piedi
intatto, gigantesco, impressionante.

Avevo due foto
prese nel
millenovecentosettantacinque
purtroppo perse
durante un'inondazione
che mi raffiguravano discobolo
nel momento in cui
il mio corpo
dopo essersi rannicchiato

per prendere slancio
e radunare le forze
sta per aprirsi
e liberare la tensione
imprimendo al lancio
maggiore energia.
Subito dopo
nell'istante in cui eseguirò
il movimento di propulsione
darò la mia propria rotazione
al disco
consentendogli di acquisire
ulteriore stabilità
in volo.
Due anni prima

avevo vinto
i giochi provinciali
senza alcun allenamento
ottenuto la medaglia d'oro
l'anno dopo la medaglia d'argento
dietro colui che mi aveva mostrato
benché una sola volta
come si pratica questo sport.
Ero fiero di essere secondo
dietro il mio maestro
ritrovarci ai giochi per caso
è stata gradevole sorpresa
nonostante abbia inteso
che il caso non esista.
Il momento fissato nelle due foto

prese tra l'altro
da due sostenitori
della squadra avversa
che ammiravano
commentando il mio stile
è stato durante un incontro atletico
con la vicina provincia di Milano.
mi sono classificato secondo
tuttavia primo della mia provincia.

A Rodi ero un atleta soldato
comandavo una falange
di centoventi *opliti*.
Questa volta ancora
non avevo superato

i quarantacinque anni
ci vedo un *karma* che si ripete
con alcune variazioni
non sono morto in battaglia
me ne sono andato
per morte naturale
con qualche trofeo
e il corpo decorato
da quindici cicatrici.

York

Ci hanno avvistato
impossibile non vederci
da lontano sembriamo
numerosissimi puntini
che si ingrandiscono
man mano
in direzione della costa
punti che continuano
ad ingrandire
prendono forma
sembrano barche
si intravedono *silhouettes*
trasportano uomini
l'immagine si fa più chiara
impossibile non vedere

centinaia e centinaia
di navi con la prua
a testa di drago.
I danesi!
Sbarchiamo ignorando
le vedette nemiche
qui, nessuno ci affronterà.
Lasciamo qualche uomo
a guardia della flotta
non amiamo molto i cavalli
avanziamo a piedi verso nord
abbiamo
tutto il tempo che vogliamo
sugli scudi e i nostri visi
dipingiamo

i colori del nostro clan
il verde.
Le nostre spie sono partite
mentre le loro
ci osservano tra gli alberi
inviamo esploratori
e un'avanguardia.
Una città fortificata
sembra importante
combattiamo tutto il giorno
festeggiamo la notte
conquistiamo York
e gran parte
di questa grande isola.
Sono rimasto in questa terra

ormai mia, nostra
non più straniera
senza mai tornare
nell'arcipelago danese
ho creato una famiglia
con una donna sassone
ho combattuto
fino ad età avanzata.
Questa vita, mi lascia perplesso
da un lato mi osservo
realizzato, compiaciuto
di aver dimostrato a me stesso
agli altri
di essere un intrepido guerriero
ma non avverto un importante

movimento evolutivo
dello spirito
a parte nella fase finale
quando l'età invita
à più saggezza
a un maggior distacco
dalle cose terrene
a rallentare
il ritmo dei pensieri.
Dall'altro lato
osservo di aver vissuto
accompagnato da emozioni
estremamente intense
a loro volta accompagnate
da un particolare, acuto

spirito d'osservazione
che è un po' meditazione.
È stata con ogni evidenza
una vita di transizione.

L'ambasciatore

In Borgogna, per conto dei duchi
sono di nuovo invitato
questa volta è festa
una celebrazione
due potenti casate si associano
unendone i figli
in matrimonio.
Il banchetto medievale
è il convivio per eccellenza
il luogo dove forti si manifestano
i simboli del potere, della nobiltà
dove si esibiscono le proprie ricchezze
si stringono alleanze
si partecipa alla vita sociale
ma dove possono nascere

odi e conflitti.

Alla mia destra siede una donna

in direzione del *signore*

quindi di rango uguale

o più elevato al mio

alla sua destra, un uomo

presumo il suo consorte

il quale venuto a conoscenza

che sono inviato dai signori di Milano

mi invia cerimoniosi cenni del capo

accompagnati da sorrisi

garbati ma ponderati

come prescrive il galateo.

Dopo la prima portata

mi si rivolge

parlandomi in fiorentino
con marcato accento francese
mi felicita, anzi
felicita tutti gli italiani
benché politicamente divisi
in piccoli stati autonomi
e continuamente in guerra
tra di loro
per l'ingegno del "nostro Boccaccio"
mi cita la sua opera più famosa
Il Decameron.
Uomo molto colto
svolge la funzione di precettore
insegnante
per i figli di un nobile locale

credo un marchese
mi sembra molto stimato
tutti lo conoscono.
Giunge la seconda portata
per i valori alimentari medievali
gli alimenti sono classificati
secondo i quattro elementi
della creazione, opera divina:
il fuoco, considerato
come il più valorizzante
l'aria, l'acqua
e l'elemento più lontano da Dio
la terra.
Da questa gerarchia
deriva un ordine di valore

per animali e vegetali.
Questo spiega
perché durante il Medioevo
molti legumi sono disprezzati
dai nobili guerrieri
perché provenienti
dall'elemento più basso.
Reputati come cibi volgari
in particolare i bulbi
che crescono sottoterra
aglio, cipolla, porro
rapa, radici, pastinaca, carota
soo lasciati ai contadini
ai poveri delle città.
Migliore considerazione

hanno i legumi

che fuoriescono dalla terra

insalata, spinaci

o crescono sui fusti

piselli, cavoli

o si elevano nell'aria

come i frutti, i cereali

che beneficiano

di uno statuto superiore

dovuto alla loro "alta posizione".

Per questa stessa ragione

coloro che combattono

prediligono la carne

dei grandi uccelli

aironi, cigni, pavoni, fagiani

associati all'elemento aria

degno del loro rango sociale.

Giunge la terza portata

il mio nuovo amico

fa cenno ai coppieri

che prestamente riempono

di vino i boccali.

A fine banchetto

mi invita per il giorno seguente

ad una passeggiata

con le rispettive consorti

vuole mostrarmi

la campagna circostante.

I viali ombrosi

La vita nell'Accademia
era dedicata
a fare filosofia insieme
discussioni, dibattiti
ricerche comuni
nei viali ombrosi
del ginnasio oltre le mura .
Platone provocava
con un argomento
il vivere in comunità
induceva
a confutazioni amichevoli
domande e risposte
senza alcuna ostilità.
Con l'aiuto, l'intervento

di alcuni tra noi

due misteriose donne

entrarono a far parte

della nostra comunità

travestite in modo maschile

i seni fasciati

da strette striscie di cuoio

si erano tagliate

i lunghi capelli neri

per nascondere la loro natura.

Le donne non erano le benvenute

non erano autorizzate

a divenire filosofi

ne a gareggiare come atlete ai giochi

a partecipare a riunioni, a votare.

Platone non aveva

una buona opinione

dell'altro sesso

ma lasciava uno spiraglio

e stava invecchiando

forse imbuonendosi.

Io e Corisco votammo a favore

Aristotele votò contro

il maestro le accolse

così, come noi tutti

in seguito il tempo, si incaricò

di cancellare

qualche debole ritrosia iniziale

che ancora faceva resistenza.

L'essere umano

teme il cambiamento

il suo Ego lo teme

poiché l'Ego ragiona

verso due direzioni:

l'amore e la paura.

Venivano da lontano

la prima

divenne in breve tempo

amante di uno scolarca

diluendo forse

il suo interesse per gli studi

mentre l'altra

di intelletto più altero

più dotata, preparata

fece parlare di sé

come un vero filosofo
osando commentare
gli scritti di Platone
scrivendo addirittura
i suoi commenti
sui papiri, a fianco delle idee
proposte dal maestro
che a sua volta ne accettò l'ardire
lui, che pur grande pensatore
aveva bruciato libri
di altri pensatori
lui, che facilmente scivolava
in accese diatribe
con altre scuole antagoniste.

Darjeeling 2

L'occasione era unica
per visitare le piantagioni
scegliemmo l'Orange Valley
per la sua reputazione
ma anche ispirati dal nome.
D'improvviso ho l'impressione
che ci accompagnasse un'altra coppia
i ricordi sono lontani, molto lontani
idee che diventano ombre
ombre che prendono forma.
Eravamo partiti insieme
stessi interessi, le stesse voglie
e una simile apertura mentale
verso la vita
tutto quello che offriva

o quello che toglieva.
Perché cercare sempre
una ragione a tutto?
È evidente
che c'è sempre una ragione!
Non sarebbe meglio
cercarne un insegnamento?
Non amavo dire "accettare"
perché trovavo che la parola
avesse un'intonazione fatalista
preferivo usare il verbo "accogliere".
Accolgo ciò che succede
nella mia esistenza
mi accolgo nell'esperienza con l'altro
con il prossimo, senza giudizio.

Sì, lo so! È difficile non giudicare
però non impossibile
necessita pratica, allenamento
bisognerebbe farne una disciplina
come la meditazione.
Il nostro viaggio era spesso
alimentato da queste riflessioni.
Una mattina assistemmo
ad uno spettacolo inatteso
una sfilata di donne
una dietro l'altra
in abiti multicolori
si recavano al lavoro
erano loro, a raccogliere
le foglie di té
erano tutte gioiose

e cantavano ritmando il passo.
Il quadro era perfetto
i pendii ricoperti di quel verde raro
speciale, particolare
la bruma che si dissolve
alzandosi a decorare le cime
la muliebre fila che esprimeva
l'unità, la solidarietà
il passo cadenzato dai canti
la gioia che illuminava i loro visi.
Ripenso alla coppia
che ci accompagnava
non riesco a dare un volto
dei lineamenti
sento che eravamo amici
di un'amicizia recente e solida.

L'ambasciatore 2

I frutti, si mangiano
prima del pasto
accompagnati da una sorta
di *beignets* cotti in acqua bollente
con vino dolce alle erbe
od alle spezie.
I banchetti nuziali
possono durare diversi giorni
i luoghi iniziano
ad essere familiari
anche i visi degli invitati
non più sconosciuti
hanno perso l'effetto sorpresa.
Per i nobili, mangiare molto
e più degli altri ospiti

rappresenta un segno di ricchezza

di potere

ai *signori* sono servite

le più grosse porzioni

mentre cavalieri, scudieri

cappellani, chierici

vedono il loro pasto ridursi

a misura del loro stato sociale.

Seduta alla mia sinistra

la dama bionda

che mi accompagna

alla mia destra

la coppia appena conosciuta

ed ormai inseparabile.

Ci portano le zuppe

seguite da bolliti di carni

cotti a fuoco lento

con salsa e legumi

a base di cumino e mandorle.

Il mio nuovo amico

mi vuole presentare

alcuni personaggi altolocati

io, sono qui per questo

è la mia missione.

Benché abbia una lista

di aristocratici da incontrare

qualche nome in più

non può essere che il benvenuto

e il caso, che non esiste

potrebbe trasformare

l'occasione in opportunità

in questa Europa che si compone

si scompone e si ricompone

senza interruzione.

L'antagonismo

Nell'Accademia
si analizzavano
con metodo
ricerche naturalistiche
dividendo le piante
i vegetali, gli animali
per genere e specie
senza trascurare
analiticamente
l'astronomia
la matematica, la geometria
la politica
la retorica, la dialettica
senza dimenticare
l'ottica e la meccanica

scienze che progredivano

in un'atmosfera

di moderna università.

A mio avviso

anche e soprattutto

l'antagonismo

con le altre scuole

favoriva il progresso

in tutti i nostri studi.

Platone fu il primo

ad introdurre

con una domanda

la discussione filosofica

il primo ad insegnare

il metodo della ricerca

secondo l'analisi.

Poteva succedere

al maestro

di "dare dell'asino"

a un suo scolaro

quando costui

giungeva a conclusioni

non consone

al metodo insegnato

ma generalmente

noi eravamo

giovani piuttosto miti

e lui, era un padre

dolce e paziente.

Il piano di vita

Lui, il comandante Vasco
non l'ho più incontrato!
avevo inteso dire
che in seguito
era morto in India
dopo il suo terzo viaggio
vi era tornato come *vicerè*.
Dopo averlo accompagnato
nel primo viaggio
ho collaborato con Colombo
ho incrociato Vespucci
lo so, tutti questi nomi
nello stesso tempo
possono solo creare invidia
o ammirazione.

Personalmente
non l'ho desiderato
era concepito
nel mio piano di vita
nel mio *karma*
ecco questa parola magica
che ritorna
ed ebbro di avventura
ho seguito infine gli spagnoli
in diverse esplorazioni
Panama, Guatemala, Colombia.
In quest'ultimo paese
sentendo il corpo invecchiare
mi ero fermato
avevo sposato la figlia

dello sciamano *chibcha*.*
Mi ero sbagliato
credevo che la mia vita
fosse nella fase finale
invece sono vissuto
ancora qualche anno
fino al 1532.

* pr. : *cibcia*

L'ambasciatore 3

Servire un re, un duca

un principe

tagliare la sua carne

tranciare il suo pane

è privilegio riservato

a persone della nobiltà

formate a questo compito.

I servitori ci presentano

arrosti allo spiedo

il consumo della carne

a contatto con l'elemento fuoco

poiché grigliata

è associato alla forza fisica

al potere

alla potenza sessuale.

La selvaggina, occupa
una posizione privilegiata
nell'alimentazione dei *signori*
che praticano la caccia
con la stessa passione
della guerra.
Inattesi arrivano danzatori
seguiti da acrobati sorprendenti
si percepisce la festa
la celebrazione.
Le due donne commentano
l'esibizione
mentre con il nuovo amico
converso di astronomia
c'è chi dice che la Terra sia piatta

gli antichi greci presumevano

che fosse tonda

ambedue siamo d'accordo

se sulla Luna si riflette

l'ombra circolare

o semicircolare della Terra

il nostro pianeta

non può che essere tondo.

Ci servono *gaufres* et *gaufrettes*

per terminare il banchetto

beviamo *ippocrasso*

bevanda a base di vino

aromatizzato

addolcito con miele.

Nemrut Dağı

È la prima volta che mi capita
da quando esploro le mie vite anteriori
di intuire, di giungere a conclusione
che sono stato un re
re di un regno in Cappadocia
prima dell'era cristiana.
Il grande Antioco I°
monarca del regno vicino
mi aveva esortato a visitare
il grandioso mausoleo
che aveva fatto edificare
a varie divinità ed a se stesso
voleva stupirmi e ci era riuscito.
Restano enormi teste tagliate
di questo pur impressionante
imponente monumento

poggiate maldestramente al suolo
soggette come tutto e tutti
all'effimero
all'illusione del tempo.
Perché questo bisogno
di elevarsi a divinità
quando ognuno di noi possiede
una parte di essenza divina
mentre seduto per terra
osserva la nudità di un'alba
o il miracolo di un tramonto?
A parte l'aneddoto
per me poco importante
di essere stato un re
dove tra l'altro in quella vita
sono stato ucciso

da qualcuno legato
alla mia famiglia
per il solo capriccio
di prendermi il posto
di gustare l'ebbrezza
del potere assoluto
mi rimane la senzazione
che sia stata, una vita incompiuta
forse da me malgestita
rimane, come una parte di vuoto
che poi ho voluto colmare
reincarnandomi
nella stessa regione
con lo stesso gruppo di anime.
Che io sia stato ucciso
ha un'importanza relativa

il valore di un'incarnazione
è di coglierne " l'essenziale"
capire il perché siamo qui
capire il perché siamo ritornati
capire qual'è
la nostra missione sulla Terra.
Non mi preoccupo
di cosa sia successo
a chi mi ha colpito a morte
Questo è affar suo! Lo riguarda!
Non è necessario usare parole come:
L'avrà pagata! o La pagherà!
Nel cumulo delle sue incarnazioni
tutto si è riequilibrato
o si riequilibrerà.

Il ricordo del futuro

La mia prima poesia
l'ho scritta in arabo
pur essendo stato l'unico
a quel tempo
qualcosa mi spingeva
o qualcuno, uno spirito guida
mi soffiava all'orecchio
di insistere in questa direzione
di continuare verso
questo cammino
non poco arduo
disseminato di trappole
che mi mettevano alla prova.
Il seguito è stato, che anni fa
durante un periodo intenso

di studi appassionanti
ogni anno viaggiavo
verso Parigi, dove
immancabilmente
mi recavo all'I.M.A.
Istituto del Mondo Arabo
un bellissimo palazzo in vetro
sul bordo della Senna
voluto dai presidenti francesi
per creare un dialogo culturale.
Ero attirato da questo luogo
libreria al pianterreno
guardavo tutti i libri
a volte ne compravo
a volte no

ma li guardavo tutti
cineteca, sala conferenze
nel sottosuolo
biblioteca al primo
e secondo piano
con finestre che si aprono
o si chiudono
secondo l'intensità
della luce esterna
uffici intermedi
ristorante all'ultimo piano
con vista sul fiume
su Notre Dame.
Nemmeno otto anni dopo
mi son ritrovato laggiù

invitato a recitare
mie poesie in arabo
innanzi a quattrocentocinquanta
persone
professori, giornalisti, diplomatici
uno scroscio di applausi
nonostante la mia ansia
antica ed estrema.
Il nostro subconscio
conosce già il futuro
il futuro vive, ci aspetta
e questo spiega perché
ero attratto da questo posto
benché a dir la verità, abbiamo
diversi possibili futuri

almeno tre.
A noi di variare
di andare verso l'uno o l'altro
modificando, adattando
le nostre azioni, i nostri pensieri
l'energia della nostra frequenza
la giusta frequenza
che fa elevare la vibrazione
allineandoci al nostro destino
restando però dentro i confini
del *karma* che ci è stato assegnato
dentro i margini, i vincoli
della nostra missione di vita
del patto che abbiamo concluso
per la nostra nuova incarnazione.

Il diario di bordo

Ero João de Coimbra
ed è mio desiderio
correggere altre fonti
come quella che attribuisce
il racconto del viaggio
ad Alvaro Velho.
Io c'ero! Io so
come sono andate le cose!
É vero, solamente in parte
fu Alvaro de Braga
ad iniziare il giornale di bordo
a redigerne più della metà
ma essendosi ammalato
confidò lui stesso il manoscritto
ad Alvaro Velho

che era soldato e sapeva scrivere.
Il giornale si interrompe
sulla via del ritorno
all'altezza del Rio Grande
perchè il soldato scrivano
anche lui ammalato, muore.
Strano destino, o meglio:
È strano il destino!
Lo scrivano ufficiale
riesce a tornare
benché malandato
ma il lavoro è attribuito
solo al secondo
che non è tornato
mentre del primo

restano molti dubbi.
Voglio rendere onore
a tutti e due.
Scherzi del destino?
Direi piuttosto
scherzi del *karma*
che altro non è
se non la somma
la risultante
delle vite accumulate
da ciascuno.
Non vedo in questa parola
alcuna connotazione negativa
ne fatalista
come si è soliti intendere
dalla bocca di molte persone.

Giochi di potere

Così, come ho annunciato
mi sono incarnato di nuovo
al tempo di Antioco II°
ero un suo generale
un generale importante.
Il mio sovrano
giovane, ardito, ambizioso
fu invitato a Roma
dove fu eliminato.
I Romani appoggiarono il fratello
e fu la guerra civile
mi inviò contro le truppe
più i mercenari
oltre all'appoggio dei nuovi alleati
futuri signori del mondo.

Nell'affronto sproporzionato

ho perso una grande battaglia

sono stato ferito

in maniera piuttosto grave.

Mi hanno lasciato la vita

potevo ancora servire

avevo dato prova

di esperienza, di fedeltà

dopotutto mi conosceva

mi apprezzava

il nuovo sovrano.

Il nuovo amico (2019)

Il nuovo amico

incontrato

nei banchetti medievali

in Borgogna

spontaneamente

mi ricorda

una persona conosciuta

proprio l'anno scorso.

Un uomo erudito

biologo, fisico, sciamano

antropologo, psicanalista

conferenziere

membro di diverse accademie

in Europa, Stati Uniti

la lista potrebbe continuare.

Ciò che di lui

mi riporta all'altra persona

incontrata secoli fa

è questa multiconoscenza

di tante cose

questo essere sapiente

come lo si era una volta

abbracciando varie scienze

toccando a tutto

ogni aspetto visibile

ed invisibile

della vita terrena

dell'universo

con l'umana semplicità

la profonda conoscenza

dello studioso enciclopedico

completo ed evoluto.

Ciò che mi riconduce

all'altro personaggio

è anche un'intesa tra noi due

accompagnata

da un'amicizia immediata

adornata da lunghi

ma piacevoli dialoghi.

L'ho incontrato in un banchetto

fine secolo quattordicesimo

e un'altra volta ancora

benché non sappia

quale fosse il suo ruolo

in quel tempo

un secolo e mezzo prima

nella stessa epoca

durante la quale

recapitavo manoscritti

al futuro vescovo di Lincoln *.

Conserviamo noi

alcuni tratti del carattere

nel passaggio da una vita all'altra?

L'intuizione intensa

e la pratica della radiestesia

mi portano a pensare

che queste due persone

così lontane nel tempo

non siano altro

se non la stessa anima

incontrata più volte.

* Robert Grosseteste, *Il banchetto*, di Angelo Rizzi, ed. BoD, 2019

Indice

5 – Biografia

8 – Prefazione

Sul filo del tempo

13 – Darjeeling

17 - Nessuno sa

20 - Vincitori e vinti

23 - Anglia

27 - Ripetizione con qualche variazione

32 - York

38 - L'ambasciatore

45 - I viali ombrosi

50 - Darjeeling 2

54 - L'ambasciatore 2

58 - L'antagonismo

61 - Il piano di vita

64 - L'ambasciatore 3

67 - Nemrut Dağı

71 - Il ricordo del futuro

76 - Il diario di bordo

79 - Giochi di potere

81 - Il nuovo amico (2019)